Reitabzeichen 10

Autorin:
Ute Schmidt wurde 1965 in Passau geboren. Auf dem elterlichen Anwesen war sie schon als Kind von vielen Tieren umgeben, darunter auch Arbeits- und Kutschpferde.
Unter Aufsicht des gestrengen Großvaters, der Rittmeister war, lernte sie schon von klein auf viel über Aufstallung, Gesunderhaltung und Fütterungstechniken.
Fundierten Reitunterricht bekam sie ab dem zehnten Lebensjahr in Dressur und Springen.

1996 zog sie nach Hamburg, wo sie sich ihren Traum von einer eigenen Reitschule erfüllte.
Sie lebt mit ihrer Familie auf einem Resthof im Südosten von Hamburg, wo sie auf ihren Friesenpferden Kinder und Jugendliche unterrichtet.

Illustratorin:
Mirella Sperling

Titelfoto:
Ariane Lange

Reitabzeichen 10 ISBN - Nummer 978-3-7347-6110-2

Bisher erschienen:

Reitabzeichen 4	ISBN – Nummer: 9783756215188
Reitabzeichen 5	ISBN - Nummer 9783746092966
Reitabzeichen 6	ISBN - Nummer 9783739243177
Reitabzeichen 7	ISBN - Nummer 9783739207667
Reitabzeichen 8	ISBN - Nummer 9783738637441
Reitabzeichen 9	ISBN - Nummer 9783734793226
Reitabzeichen 10 (englisch)	ISBN - Nummer 9783748133483
Pferdeführerschein Umgang	ISBN - Nummer 9783750437210
Pferdeführerschein Reiten	ISBN - Nummer 9783751984218
Longierabzeichen 5	ISBN - Nummer 9783741237454
Bodenarbeit Stufe 1	ISBN - Nummer 9783746050133
Trainerassistent	ISBN - Nummer: 9783750435209

Ergänzendes Übungsmaterial in Form von Smartphone-Apps ist im Google Play Store erhältlich.

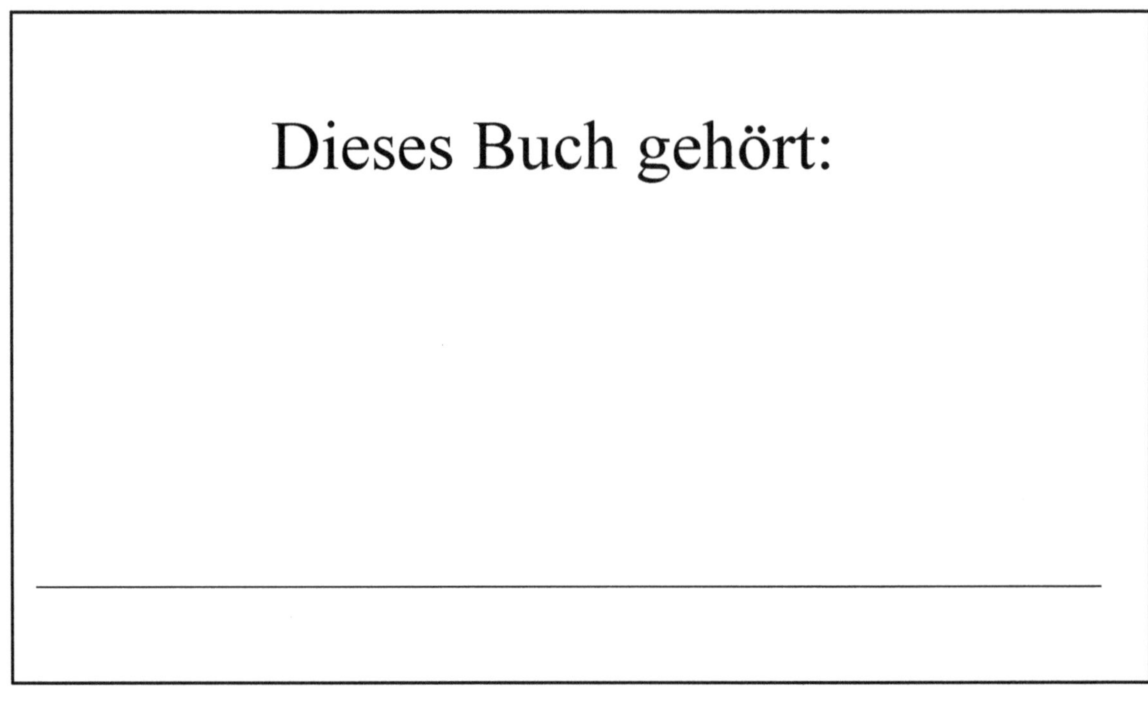
Dieses Buch gehört:

Inhaltsverzeichnis

Kapitel 1: Wie Du Unfälle vermeidest

Brauchst Du einen Helm?	☐ Ein Helm ist beim Reiten Pflicht! Auch beim Umgang mit dem Pferd ist er sehr empfehlenswert, denn auch hier kannst Du verletzt werden.
Welche Schuhe brauchst Du bei den Pferden?	☐ Pferde sind groß und schwer. Deshalb nur mit festen Schuhen zum Pferd!
Braucht man beim Reiten Handschuhe?	☐ Handschuhe sind sowohl beim Führen als auch beim Reiten Pflicht! Sie schützen Deine Hände vor Verletzungen.
Was tust Du immer als Erstes, wenn Du Dich einem Pferd näherst?	☐ Du spricht es an und wartest, bis Dein Pferd Dich freundlich anguckt.
Was musst Du beachten, wenn Du ein Pferd hinter einem anderen herführst?	☐ Du achtest darauf, dass ganz viel Platz bleibt. So als ob zwei Pferde dazwischen passen würden.
Darfst Du bei den Pferden laut schreien und toben?	☐ Pferde sind **Fluchttiere**. Deshalb immer in Ruhe und auch in ruhigem Ton mit den Pferden umgehen.

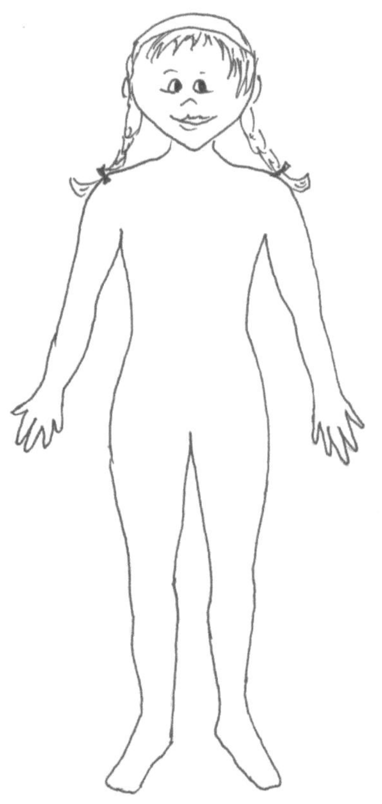

Was fehlt denn hier?

Nimm die Buntstifte und male die fehlenden Kleidungstücke dazu.

Kapitel 2: Wie Pferde mit Dir sprechen

Was drückt ein Pferd aus, das die Ohren anlegt und wie verhältst Du dich?	☐ Das Pferd ist schlecht gelaunt. Du darfst nicht herangehen. Hole Dir Hilfe und sei sehr vorsichtig.
Woran erkennst Du, dass Dein Pferd ruht?	☐ Der Kopf ist unten und hinten hat das Pferd ein Bein abgeknickt.
Wie gehst Du an ein ruhendes Pferd ran?	☐ Rufe rechtzeitig den Namen Deines Pferdes, damit es Dich bemerkt und sich nicht erschreckt.
Was bedeutet es, wenn Dein Pferd die Ohren nach vorne nimmt und Dich anguckt?	☐ Dein Pferd ist interessiert und möchte etwas mit Dir unternehmen.
Was bedeutet ein hochgestellter Schweif?	☐ Dein Pferd ist ganz aufgeregt. Du musst es beruhigen und dabei sehr vorsichtig sein.
Was bedeutet es, wenn Dein Pferd den Schweif zwischen den Pobacken einklemmt?	☐ Das Pferd hat Angst und muss beruhigt werden. Auch hier musst Du gut auf Dich aufpassen.
Weshalb darfst Du Dein Pferd, das Angst hat, nicht anschreien oder hauen?	☐ Damit wird es nur noch schlimmer. Rede ihm gut zu und es wird Dir wieder vertrauen.
Warum sollst Du Deinem Pferd nicht zu viele Leckerlis füttern?	☐ Dein Pferd wird mit der Zeit immer mehr Leckerlis haben wollen und wenn es diese nicht bekommt, könnte es anfangen zu beißen oder mit den Hufen zu schlagen.

Beschrifte die Pferde:

Kapitel 3: Wie Du Dein Pferd von der Weide holst

Was machst Du, wenn Du Dein Pferd von der Weide holst?	☐ Du sprichst es vorher ruhig und vernehmbar an und beobachtest, wie Dein Pferd reagiert.
Warum ist das Ansprechen wichtig?	☐ Du machst damit das Pferd auf dich aufmerksam und vermeidest, dass es sich erschreckt und andere oder sich selbst verletzt.
Von welcher Seite gehst Du an das Pferd?	☐ Immer von schräg vorne, niemals von hinten!
Wie holst Du ein Pferd aus seiner Box?	☐ Du gewöhnst ihm an, an die Tür zu kommen, damit Du nicht in die Box gehen musst.
Warum sollst Du die Box nicht betreten?	☐ Du könntest vom Pferd an die Wand gedrückt werden und sollte das Pferd schlecht gelaunt sein, kannst Du Dich nicht schnell genug in Sicherheit bringen.
Was beachtest Du bei der Boxentüre?	☐ Die Boxentüre schiebst Du immer ganz auf. Ist sie nur halb geöffnet, könnte das Pferd versuchen durchzustürmen, wobei Du oder das Pferd verletzt werden könntet.

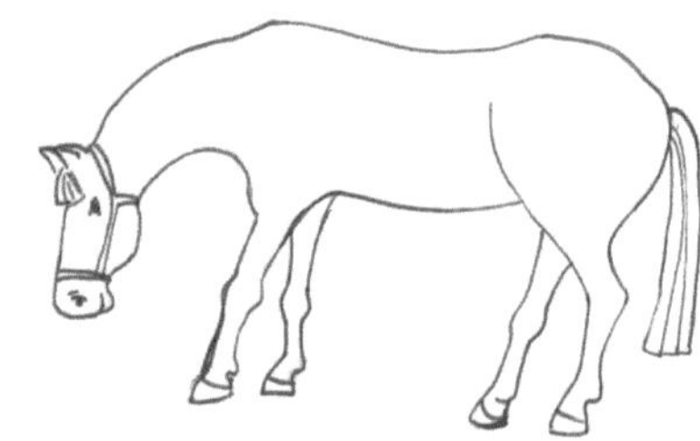

Kapitel 4: Wie Du das Stallhalfter anlegst

Was beachtest Du, bevor Du das Stallhalfter anlegst?	☐ Du ordnest das Stallhalfter vorher und gehst dann am besten von der linken Seite, dicht am Pferdekopf heran.
Was machst Du dabei mit dem Führstrick?	☐ Diesen legst Du Dir über Deine Schulter, damit er nicht auf dem Boden hängt und Du die Hände frei hast.
Wie legst Du das Stallhalfter an?	☐ Du nimmst das Pferd in den rechten Arm, schiebst den Nasenriemen über die Nüstern und ziehst dann das Halfter über die Ohren.
Wie wird das Stallhalfter richtig geschlossen?	☐ Wenn alles richtig liegt, hakst Du den Karabinerhaken in den oberen Halfterring so ein, dass sich das Pferd daran nicht verletzen kann.

Kapitel 5: Wie Du Dein Pferd sicher führst und anhältst

Wie wird ein Pferd geführt?	☐ Immer auf Höhe des Pferdekopfes.
Worauf musst Du beim Halten des Führstricks unbedingt achten?	☐ Du darfst den Führstrick auf keinen Fall um die Hand, das Handgelenk oder die Finger wickeln, da das Pferd Dich mitreißen könnte.
Wie hältst Du den Führstrick fest?	☐ Die eine Hand fasst den Führstrick dicht unter dem Karabinerhaken, die andere hält das Strickende.
Wo darfst Du das Pferd mit Stallhalfter führen?	☐ Nur im Stallbereich, nicht auf der Straße.
Wie lauten die Hilfen beim Führen?	☐ Beim Führen benötigst Du eine aufrechte **Körperhaltung** und die **Stimmhilfe**.
Wie lauten die Kommandos beim Führen?	☐ Zum Losgehen sagst Du ein fröhliches **"Scheritt"** und zum Halten ein ruhiges **"Haaalt"**. Dabei kannst Du kurz am Führstrick ziehen.

Wie führst Du ein Pferd mit Reithalfter?	☐ Du nimmst die Zügel vom Pferdehals. Mit der einen Hand fasst Du beide Zügel kurz hinter den **Trensenringen** und mit der anderen hältst Du die Zügel.
Was beachtest Du beim Führen, wenn das Pferd gesattelt ist?	☐ Die Steigbügel dürfen nicht lang herunter hängen, damit das Pferd nicht zum Beispiel an Türklinken hängen bleibt, oder die Bügel gegen den Bauch schlagen.
Was machst Du, wenn das Pferd trödelt?	☐ Nicht hinter sich herziehen, sondern durch Zungenschnalzen auffordern schneller zu gehen.
Was tust Du, wenn das Pferd zu schnell für Dich wird?	☐ Du beruhigst es mit der Stimme und versuchst, es durch kurzes Ziehen an den Zügeln zu bremsen.
Wohin guckst Du, wenn Du Dein Pferd führst?	☐ Du guckst immer nach vorne, damit Du nicht stolperst oder fällst. Das wäre sehr gefährlich.
Wie führst Du das Pferd bei Wendungen?	☐ Je nachdem auf welcher Seite Du Dein Pferd führst, achtest Du darauf, dass Du Dein Pferd von Dir wegschiebst. Wenn Du links führst nach rechts und umgekehrt, sonst tritt es Dir auf die Füße. Dafür muss aber genug Platz vorhanden sein.

Kapitel 6: Jetzt binden wir das Pferd an

Darfst Du einen ausgefransten Führstrick oder ein kaputtes Stallhalfter noch benutzen?	☐ Nein, denn beides muss ganz viel aushalten.
Warum ist das so wichtig?	☐ Weil Pferde sehr stark sind und sich ganz einfach losreißen könnten. Das ist für das Pferd und auch für Dich sehr gefährlich.
Was ist ein Panikhaken und warum brauchst Du ihn?	☐ Er lässt sich einfach öffnen, um ein Pferd in Gefahr schnell und gefahrlos zu befreien.
Wie ist die sicherste Art, ein Pferd anzubinden?	☐ Auf beiden Seiten.
Auf welcher Höhe musst Du Dein Pferd anbinden?	☐ Auf der Höhe des Buggelenks.
Wie lang sollte der Anbindestrick sein?	☐ So lang, dass sich das Pferd noch genügend bewegen, aber nicht hineintreten kann. Ist er zu kurz, wird das Pferd nervös.

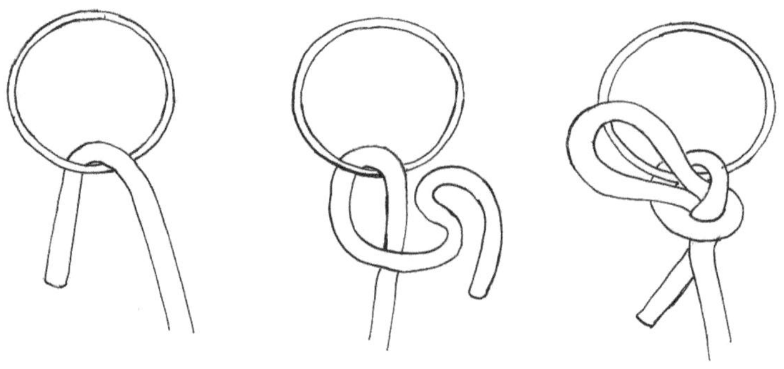

Darfst Du ein Pferd an den Gitterstäben einer Box anbinden?	☐ Nur, wenn sich in dieser Box kein anderes Pferd aufhält. Binde niemals an der Tür an, da diese nicht stabil genug ist.
Welche Gefahren bestehen, wenn sich ein Pferd in dieser Box befindet?	☐ Durch Streitereien kann sich Dein Pferd verletzen oder losreißen.
Worauf muss geachtet werden, wenn mehrere Pferde in der Stallgasse oder draußen angebunden sind?	☐ Auf die Sicherheitsabstände: Weder die Köpfe noch die Hufe dürfen sich zu nahe kommen.

Wer bin ich? Verbinde die Zahlen.

Kapitel 7: Jetzt glänzt mein Pferd

Was brauchst Du zum Putzen des Pferdes?	☐ Gummistriegel, Kardätsche, Wurzelbürste, Hufauskratzer, Mähnenbürste, Huffett mit Pinsel, Papiertücher.
Wie lange darf das Putzen dauern?	☐ Das Putzen darf nicht zu lange dauern, da sich Dein Pferd sonst langweilt und Unsinn macht.
Darfst Du das Pferd auch in der Box putzen?	☐ Nein, denn es besteht die Gefahr, dass Du an die Wand gedrückt wirst. Außerdem rieselt der ganze Schmutz in die Einstreu oder das Futter.
Wo putzt Du das Pferd am besten?	☐ Am besten an der frischen Luft.
Wie oft putzt Du Dein Pferd und warum?	☐ Einmal täglich. Du kannst rechtzeitig Verletzungen oder Erkrankungen sehen. Außerdem gewöhnt Ihr Euch aneinander. Und das Pferd soll auch hübsch aussehen und sich durch Dein Striegeln wohlfühlen.
Wie gehst Du beim Putzen vor?	☐ Du putzt immer von vorne nach hinten und von oben nach unten.

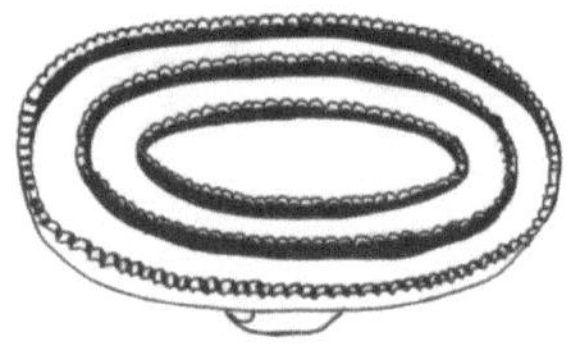

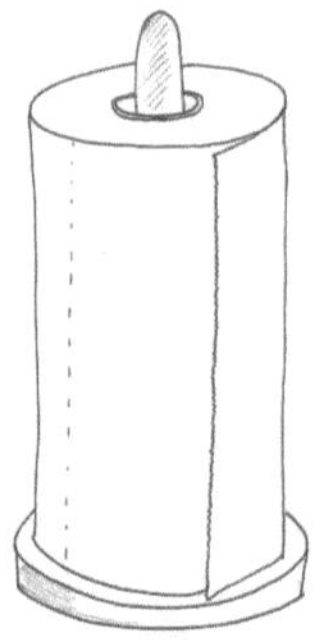

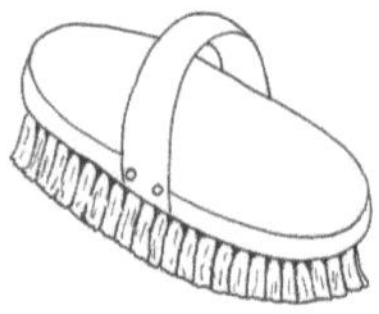

WURZELBÜRSTE

Beschrifte das Putzzeug!

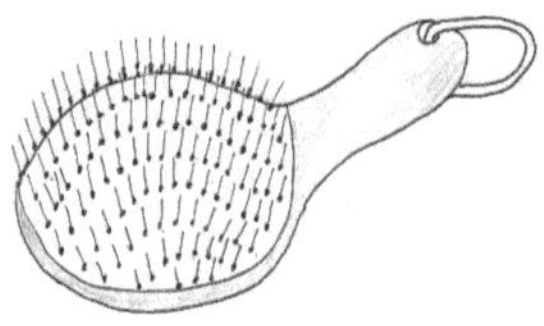

HUFFETT

Was benutzt Du zuerst?	☐ Mit dem Gummistriegel striegelst Du kreisförmig alle Körperteile des Pferdes. Damit löst Du groben Schmutz und lose Haare. Am Kopf und an den Beinen und überall wo Knochen dicht unter dem Fell liegen, darfst Du nicht striegeln.
Wie geht es dann weiter?	☐ Nach dem Striegeln nimmst Du die Kardätsche dazu. Stehst Du auf der linken Seite des Pferdes, hältst Du sie in der linken Hand und umgekehrt. In langen und ruhigen Strichen wird dann das Fell wieder glatt gebürstet und vom Staub befreit.
Wie reinigst Du Kardätsche und Striegel?	☐ Die Kardätsche wird am Striegel in Richtung der Fingerspitzen abgestrichen. Der Striegel wird auf dem Stallboden ausgeklopft.
Was folgt dem Putzen des Deckhaares?	☐ Jetzt werden Kopf, Mähne und Schweif gepflegt.
Wie reinige ich das Gesicht des Pferdes?	☐ Mit einer weichen Bürste vorsichtig das Gesicht bürsten. Augen, Nüstern und Maul reinigst Du, wenn nötig mit dem Papiertuch.

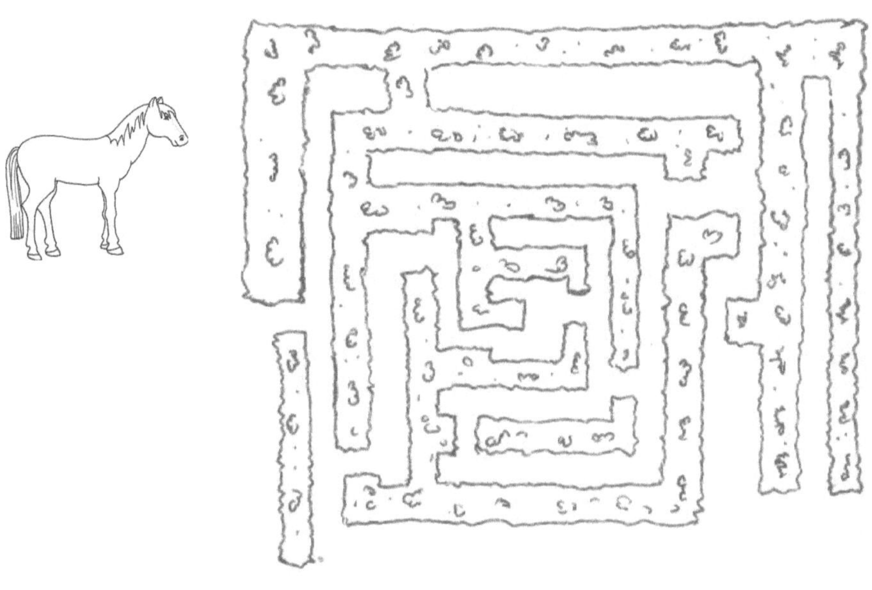

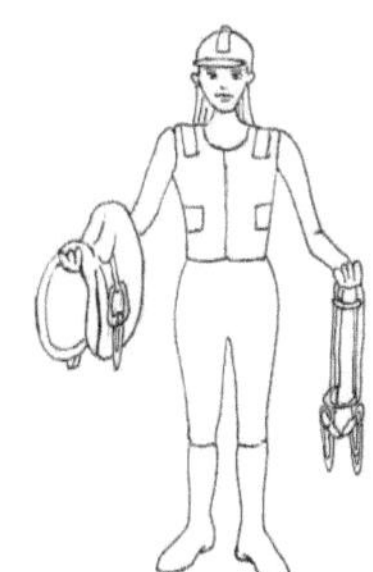

Kapitel 8: Gepflegtes langes Langhaar

Wie pflegst Du Schweif und Mähne?	☐ Bei Pferden mit dichtem Schweif und Mähne nimmst Du das Mähnenspray, um die Knoten zu lösen. Du kannst sie dann mit einer Mähnenbürste leicht glätten. Bei Pferden mit wenig Langhaar wird auf Bürsten verzichtet und der Schweif stattdessen verlesen.
Wie funktioniert das Verlesen?	☐ Du nimmst den Schweif in eine Hand und ziehst mit der anderen Hand dicht oberhalb der umfassenden Hand einzelne Haare heraus. Verlesen ist etwas zeitaufwendiger.
Was ist bei der Schweifpflege noch nötig?	☐ Der Schweif muss regelmäßig mit Pferdeshampoo gewaschen werden. Außerdem sollte er ab und zu mit der Schere unten eingekürzt werden, damit das Pferd nicht darauf tritt.

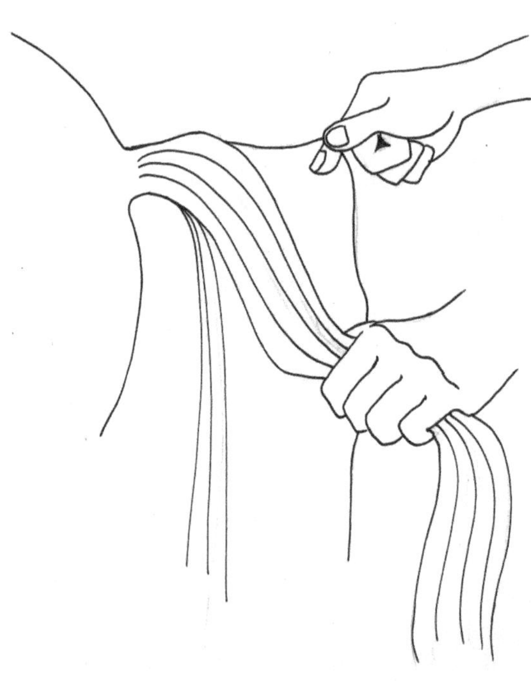

Kapitel 9: Glänzende Hufe

Was musst Du vor dem Anheben der Hufe beachten?	☐ Du achtest darauf, dass genug Platz ist und keiner im Weg steht, falls das Pferd mal austritt.
Wie wird ein Pferdehuf angehoben?	☐ Du sprichst das Pferd an, streichst mit der Hand am Bein entlang und umfasst mit beiden Händen das Fesselgelenk. Du kannst das Pferdebein auf dem eigenen Bein gut abstützen. Nach der Reinigung setzt Du den Huf wieder vorsichtig ab, damit Dein Pferd sich nicht verletzt.
Und jetzt die Pflege!	☐ Du reinigst erst von außen mit der Wurzelbürste und kratzt anschließend sorgfältig aus, ohne den Huf zu zerkratzen. Dabei siehst Du ein Dreieck in der Mitte des Hufes, wo Du besonders vorsichtig sein musst. Man nennt das auch **Hufstrahl**. Wenn es lange sonnig war, musst Du den Huf anfeuchten und gründlich einfetten.

Perlenkette

Löse das Rätsel!

1 weißes Pferd

2 damit putze ich das Pferd

3 frisst das Pferd sehr gerne

4 macht man über den Pferdekopf

5 ist ein Fliegenwedel

6 Pferdefuß

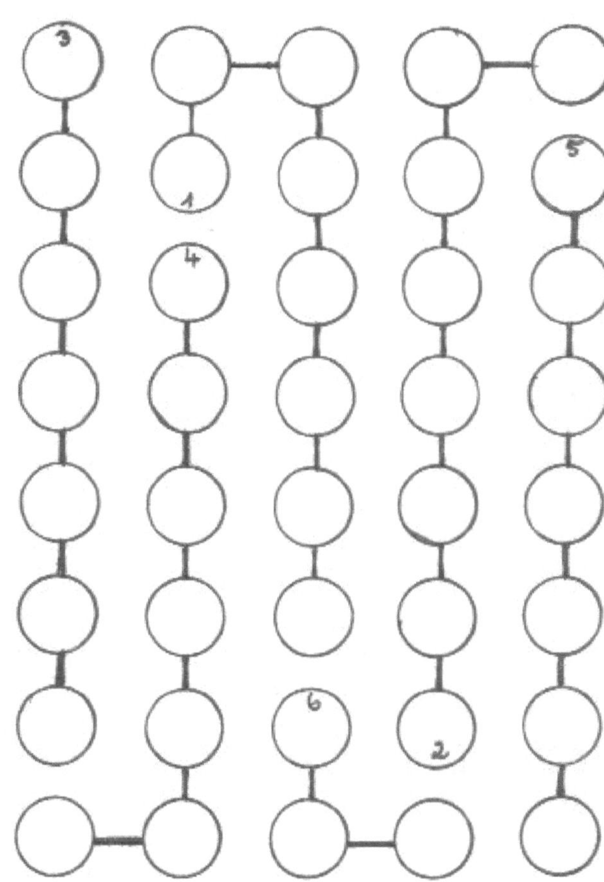

Kapitel 10: Der Sattel

Zähle die Einzelteile eines Sattels auf!	☐ Sattelkammer, Sitzfläche, Sattelblatt, Steigbügel und Sattelgurt. Weitere Einzelteile lernst Du im nächsten Heft.
Worauf musst Du bei der Sattelkammer achten?	☐ Dass der Sattel dem Pferd nicht auf den Widerrist drückt.
Wie soll die Satteldecke sein?	☐ Die Satteldecke soll den Schweiß aufsaugen und man soll sie in der Waschmaschine waschen können.
Wie sollen die Steigbügel sein?	☐ Groß und schwer, damit Du beim Reiten mit dem Fuß den Bügel leichter einfangen kannst, wenn Du sie verlierst und damit Du beim Sturz leicht herauskommst.

Hier haben sich im unteren Bild fünf Fehler eingeschlichen.

Kannst Du sie finden?

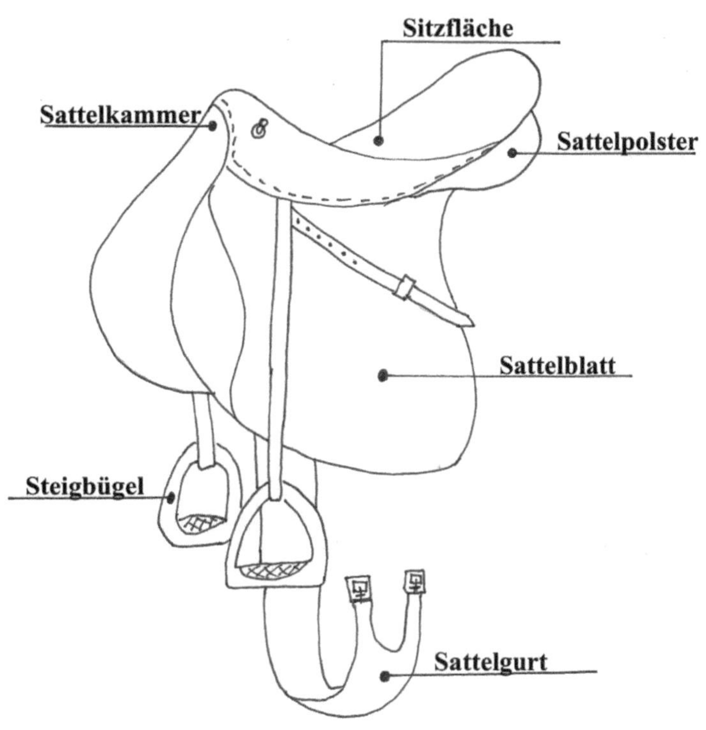

Beschrifte den Sattel!

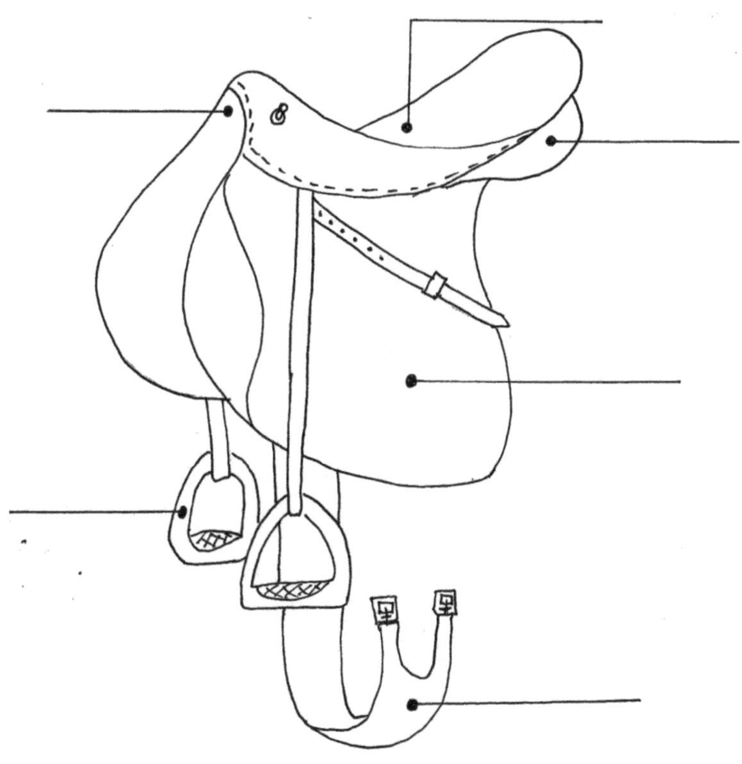

Legst Du erst den Sattel oder das Reithalfter an?	☐ Das Pferd wird immer zuerst gesattelt und dann legst Du das Reithalfter an.
Wie beginnst Du mit dem Satteln?	☐ Du legst den Sattel auf den linken Arm, machst das Pferd auf Dich aufmerksam und legst den Sattel sanft und möglichst weit vorne auf. Sodann schiebst Du ihn nach hinten in die richtige Position, damit das Fell glatt liegt.
Wie beendest Du das Satteln?	☐ Du musst darauf achten, dass die Satteldecke keine Falten hat und nicht auf dem Widerrist aufliegt. Wenn alles in Ordnung ist, kannst Du sanft den Sattelgurt festmachen.
Wie liegt der Sattelgurt richtig?	☐ Zwischen dem Ellbogenhöcker und der vorderen Kante des Sattelgurtes muss eine Handbreit Platz sein.

Kapitel 11: Das Reithalfter

Benenne einige Einzelteile des Reithalfters!	☐ Stirnriemen, Nasenriemen, Kehlriemen, Gebiss, Sperrriemen, Zügel. Weitere lernst Du im kommenden Heft.
Wie beginnst Du mit dem Anlegen?	☐ Du ordnest zuerst das Reithalfter und legst dem Pferd die Zügel über den Hals. Dann schiebst Du das Gebiss ins Maul und ziehst das Reithalfter über die Ohren.
Wie geht es nun weiter?	☐ Jetzt ordnest Du alle Teile sorgfältig und verschließt das Reithalfter. Zuerst machst Du den Kehlriemen zu – es muss noch eine aufgestellte Faust dazwischen passen. Dann verschließt Du den Nasenriemen - es müssen zwei flache Finger auf den Nasenrücken passen. Dann machst Du den Sperrriemen zu - genau wie den Nasenriemen – aber an der Seite gemessen. Verschließe das Reithalfter immer von oben nach unten und öffne es immer von unten nach oben.

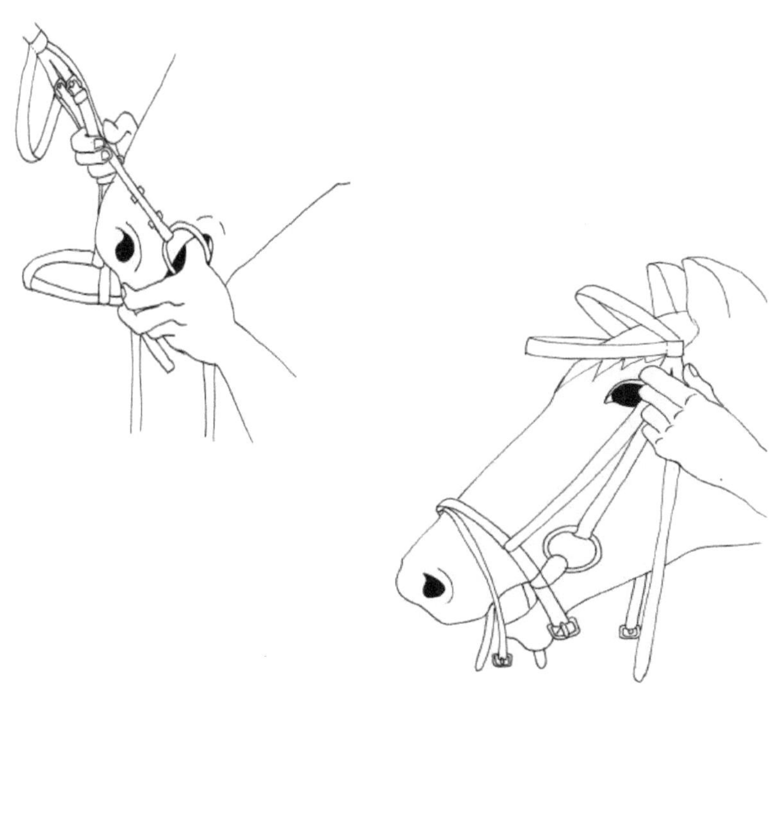

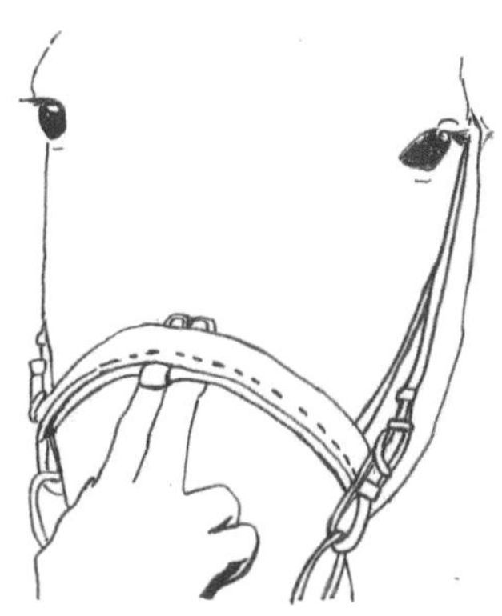

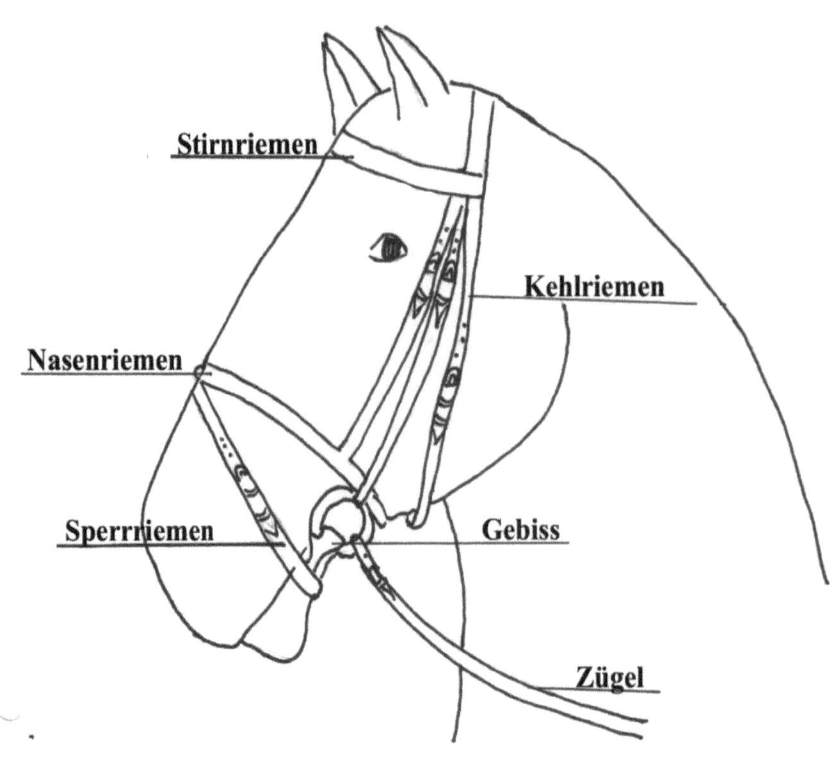

Beschrifte das Reithalfter!

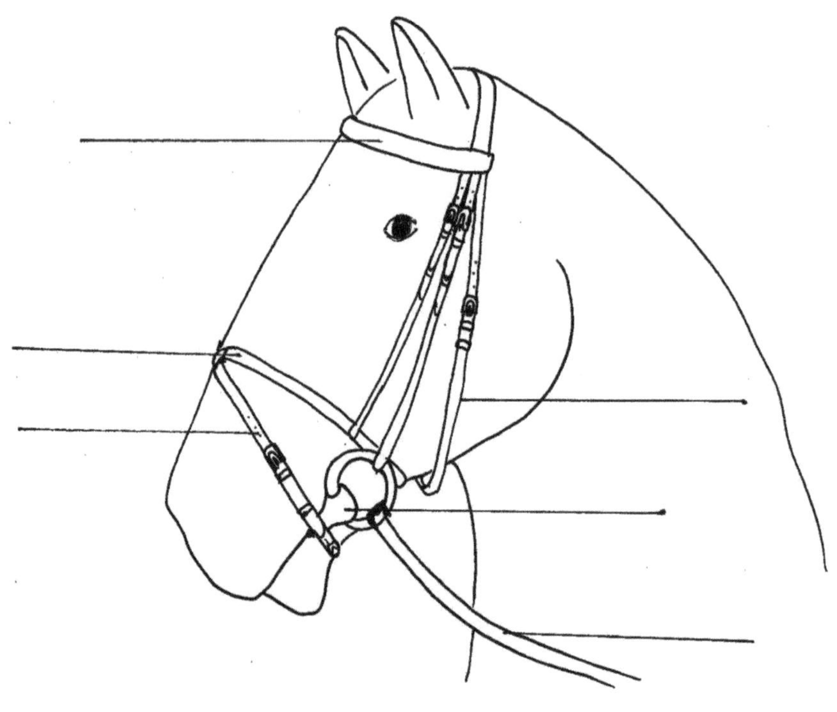

Kapitel 12: Das sind die Körperteile meines Pferdes

1	Ohren	2	Schopf
3	Augen	4	Nüstern
5	Maul	6	Mähne
7	Hals	8	Buggelenk
9	Widerrist	10	Rücken
11	Kruppe	12	Schweif
13	Bauch	14	Hufe

Versuche die Körperteile des Pferdes zu beschriften. Du darfst oben ein bisschen abgucken….

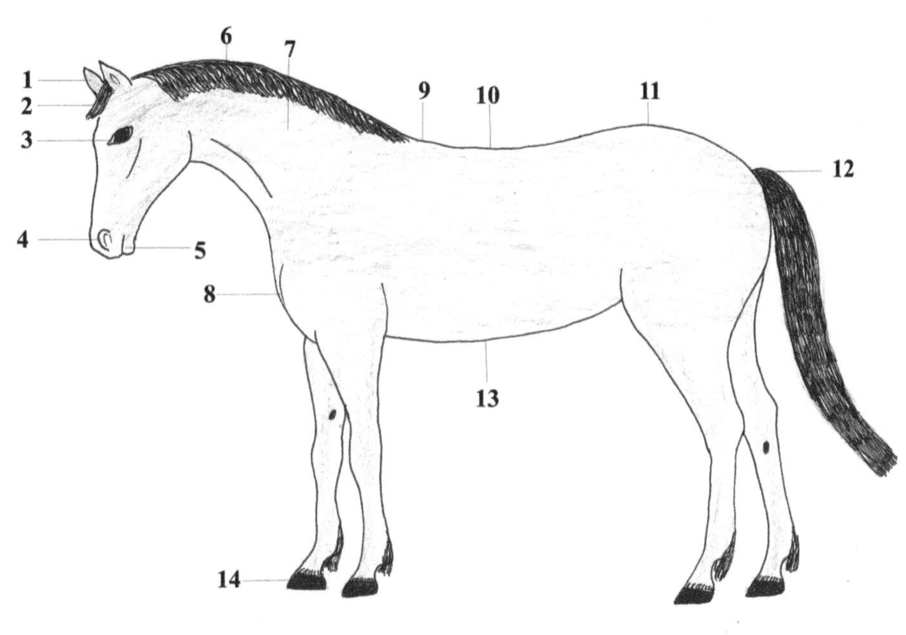

1		2	
3		4	
5		6	
7		8	
9		10	
11		12	
13		14	

Kapitel 13: Pferde sind bunt

Welches sind die wichtigsten Fellfarben von Pferden?	☐ Schimmel(weiß), Rappe(schwarz), Brauner und Fuchs.
Was ist der Unterschied zwischen einem Brauen und einem Fuchs?	☐ Ein Brauner hat braunes Deckhaar und schwarzes Langhaar, beim Fuchs sind Deckhaar und Langhaar gleichfarbig.
Was ist ein Schecke?	☐ Ein Pferd mit unregelmäßig geformten Flecken im Fell, die alle möglichen Farben haben können.

Male die Pferde in der richtigen Farbe an!

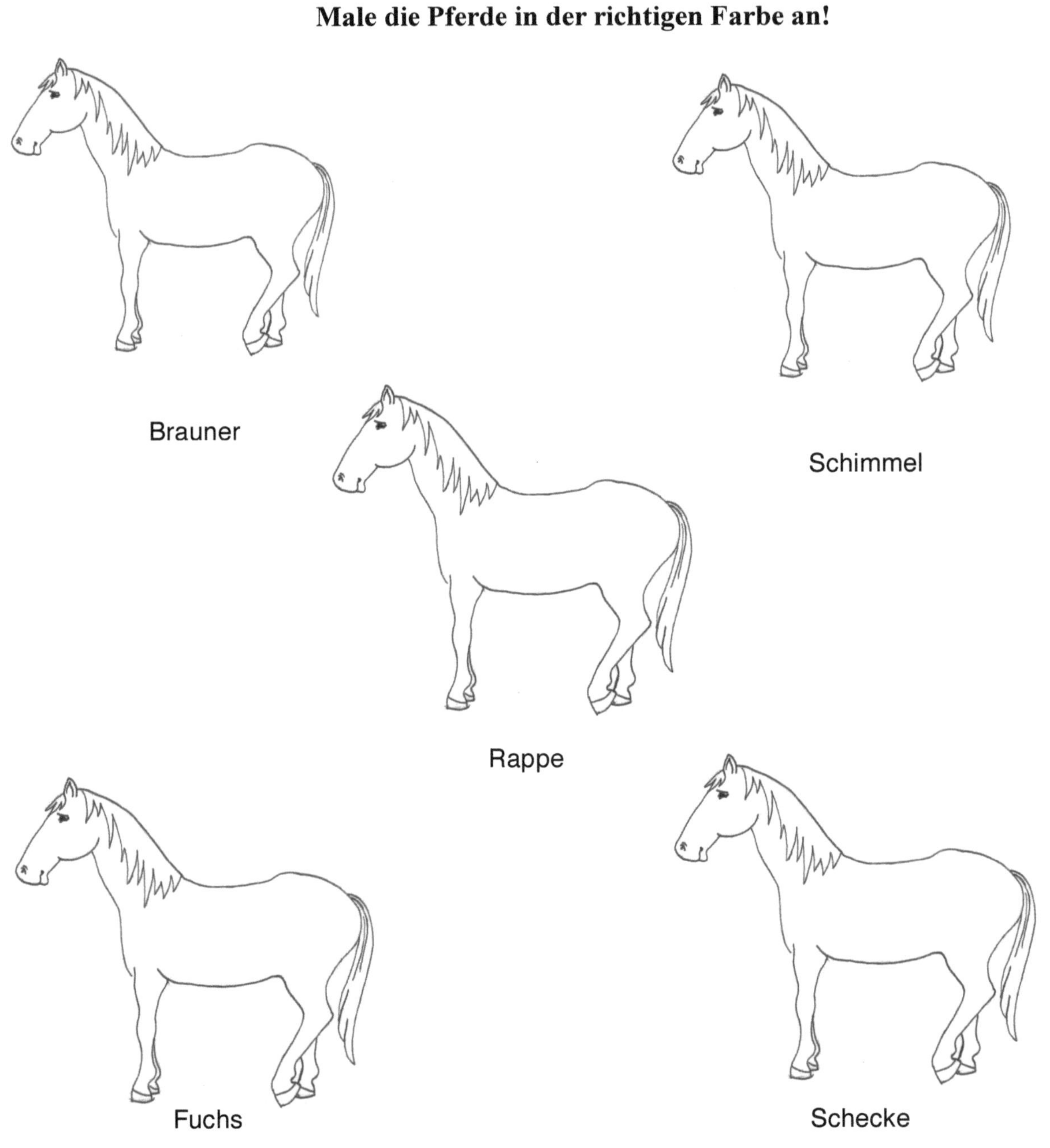

Kapitel 14: Regeln auf dem Reitplatz

Warum sollst Du die Regeln der Bahnordnung gut beherrschen?	☐ Damit es auf dem Reitplatz nicht zu Unfällen kommt, wenn alle durcheinander reiten.
Was musst Du immer beim Betreten oder Verlassen der Bahn beachten?	☐ Bevor Du die Tür öffnest oder die Bahn betrittst, rufst Du „Bahn frei“ und wartest ab, bis die Antwort „Ist frei“ kommt.
Wo stellst Du dein Pferd zum Auf- bzw. Absitzen am besten hin?	☐ Am besten immer in der Mitte von einem der beiden Zirkel, weil da die wenigsten Reiter vorbeikommen.
Male in die Bahn die beiden Zirkel ein. Markiere die Stellen, wo Du Dein Pferd hinstellen darfst.	
Wo verläuft eigentlich der Hufschlag?	☐ Immer außen entlang der Reitbahn. Es gibt 3 Hufschläge.
Wer hat auf der ganzen Bahn die Vorfahrt?	☐ Immer der, der links herum reitet. Das erkennst Du daran, dass Deine linke Hand zur Innenseite des Platzes zeigt. Im Schritt macht man den Hufschlag für schnellere Reiter frei.
Was musst Du beim Ausweichen beachten?	☐ Du wählst einen großen Sicherheitsabstand, um keinen anderen Reiter zu gefährden oder etwa mit der Gerte zu treffen!
Was sollst Du beachten, wenn mehr als drei Reiter in der Bahn sind?	☐ Dann sollten alle in eine Richtung reiten, damit es nicht zu Unfällen kommt.

Kapitel 15: So sitze ich richtig auf dem Pferd

Wie sitzt Du mit dem Po richtig auf dem Pferd?	☐ Du verteilst Dein Gewicht auf beide Pobacken und versuchst Dich schwer zu machen.
Wie hältst Du Kopf und Oberkörper?	☐ Du guckst immer nach vorne zwischen den Ohren Deines Pferdes hindurch. Dein Oberkörper und Dein Rücken sollten aufgerichtet sein.
Wie hältst Du Arme und Hände?	☐ Deine Arme liegen sanft am Oberkörper. Deine Hände schließen sich fest um die Zügel, wobei der Daumen oben sein muss. Deine Hände sollen nicht auf dem Pferd aufliegen - versuche sie selbst zu tragen. Ein Hochreißen der Hände tut Deinem Pferd im Maul weh.
Wie werden die Füße gehalten?	☐ Dein Absatz muss der tiefste Punkt sein. Dein Fußgelenk muss dabei locker bleiben. Außerdem sollten die Zehenspitzen in Richtung des Pferdemauls zeigen.
Wie schaffst Du es, auf dem Pferd ganz ruhig zu sitzen?	☐ Indem Du Deinen Po immer im Rhythmus des Pferdes nach vorne mitschwingen lässt. Dadurch sagst Du Deinem Pferd, dass es vorwärts gehen soll.
Warum ist es so wichtig, ruhig auf dem Pferd zu sitzen?	☐ Nur so schaffst Du es, nach und nach zu lernen, Deine Arme und Beine unabhängig voneinander einzusetzen, um Deinem Pferd die nötigen Hilfen zu geben.

Kapitel 16: So sag ich`s meinem Pferd

Was sind eigentlich Hilfen?	☐ Hilfen sind die Sprache, mit der sich Reiter und Pferd verständigen ohne mit einander zu sprechen.
Welche Arten von Hilfen gibt es?	☐ Es gibt **Gewichtshilfen**, **Schenkelhilfen** und **Zügelhilfen**. Die Gewichts- und Schenkelhilfen sind viel wichtiger als die Zügelhilfen.
Welche davon treiben Dein Pferd vorwärts?	☐ Es sind die Schenkel- und die Gewichtshilfen.
Wie unterscheidest Du die Zügelhilfen?	☐ Annehmende Zügelhilfe und nachgebende Zügelhilfe. **Merke:** Nach einer annehmenden Zügelhilfe folgt immer sofort eine nachgebende Zügelhilfe.
Musst Du die Hilfen nacheinander geben oder alles zugleich machen?	☐ Dein Pferd versteht Dich am besten, wenn Du die Hilfen gleichzeitig einsetzt. Aber das muss man lange üben.
Was ist eine ganze Parade?	☐ Bei der ganzen Parade kommt das Pferd zum Halten. Dazu gibst Du dem Pferd eine annehmende Zügelhilfe, drückst die Schenkel an den Bauch und setzt Dich tief in den Sattel. Denke an die nachgebende Zügelhilfe, denn erst dann bleibt dein Pferd stehen.

Wie kommt das Pferd an seine Karotte?

Kapitel 17: Tolle Figuren

Was sind Bahnfiguren?	☐ Bahnfiguren sind vorgegebene Übungen, bei denen Du lernst, Dein Pferd richtig zu lenken und vorwärts zu treiben.
Wozu brauchst Du die Buchstaben an den Seiten des Dressurvierecks?	☐ Die Buchstaben dienen zur Orientierung, wenn Du Bahnfiguren richtig reiten möchtest.
Wie kannst Du Dir diese Buchstaben merken?	☐ Du kannst sie Dir mit dem Spruch: „**C**harlie **M**ein **B**ock **F**risst **A**lles **K**arotten **E**instreu **H**afer“ einprägen.
Wo verläuft die Mittellinie?	☐ Durch die Länge der Reitbahn.
Welche Hufschlagfiguren kennst Du? **Beschrifte die vier Zeichnungen.**	☐ Sie heißen: • Ganze Bahn • Einfache Schlangenlinie • Zirkel • Durch die ganze Bahn wechseln

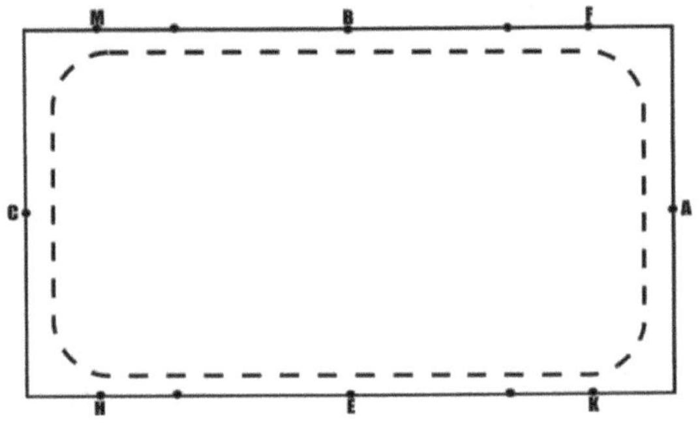

M B F
C A
H E K

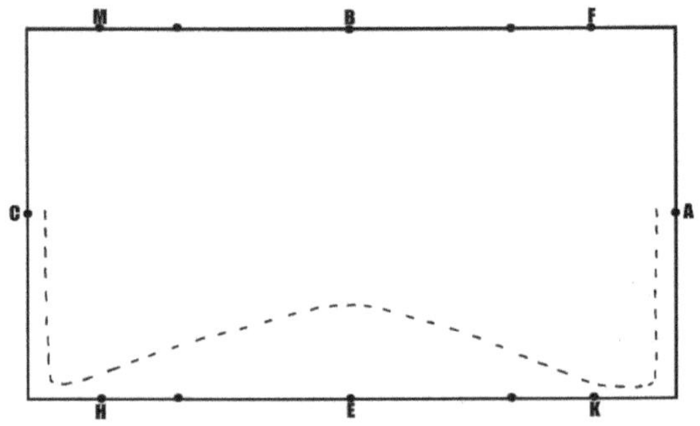

M B F
C A
H E K

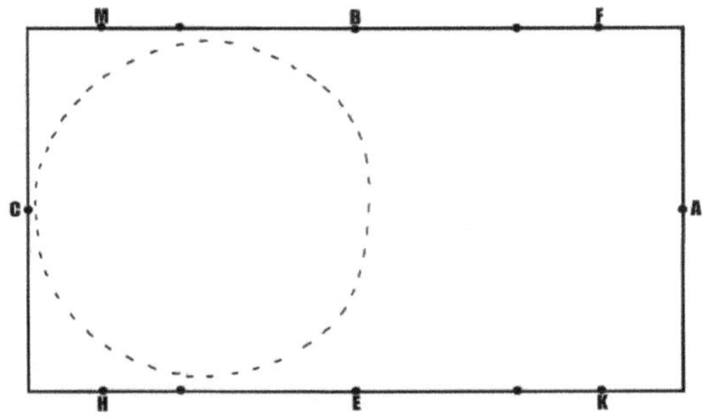

M B F
C A
H E K

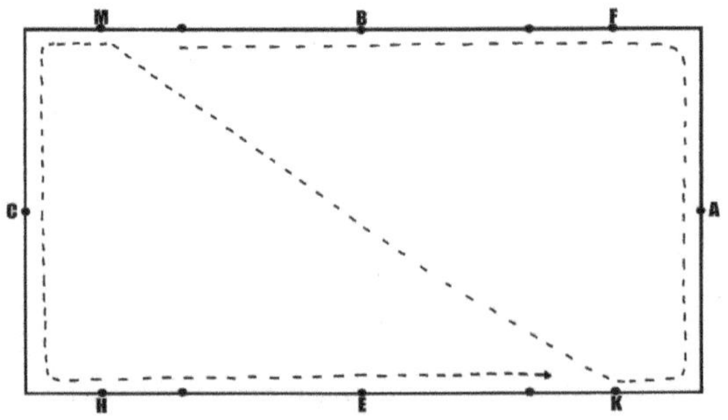

M B F
C A
H E K

Kapitel 18: …und nach der Arbeit

Was musst Du nach dem Reiten beachten?	☐ Wo das Pferd geschwitzt hat, musst Du es mit einem feuchten Schwamm reinigen und das Fell hinterher glatt bürsten. Auch die Hufe müssen noch ausgekratzt werden. Bei trockenem Wetter Hufe innen und außen anfeuchten und einfetten!
Was machst Du, wenn Dein Pferd ganz verschwitzt ist? **Beschrifte!**	☐ Bei warmen Wetter kann das Pferd abgeduscht und mit dem Schweißmesser abgezogen werden. Nicht duschen darfst Du Dein Pferd am Kopf und am Bauch. Auch hier wieder glatt bürsten und Hufpflege!
Und zu guter Letzt?	☐ Ist das Pferd dann rundum gut versorgt, hat es sich eine saubere, einladende Box verdient, in der auch eine Belohnung wartet.
Was muss mit dem Reithalfter passieren?	☐ Am Reithalfter wird das Gebiss gründlich gereinigt. Ist das Reithalfter nass geworden, muss dieses auch abgetrocknet werden.
Was machst Du mit dem Sattel?	☐ Die Satteldecke wird ausgezogen und zum Lüften aufgehängt. Sind Steigbügel und Sattelgurt schmutzig, werden sie abgenommen und gereinigt. Ist der Sattel nass geworden, muss er abgetrocknet werden.

Kapitel 19: 1 x 9 der Pferdefreunde

1 x 1	☐ Pferde brauchen uns Menschen. Wir müssen uns um sie kümmern.
1 x 2	☐ Pferde brauchen Pflege, Licht und Luft, Futter, Bewegung und einen Freund.
1 x 3	☐ Die Gesundheit des Pferdes ist wichtiger als Preise und Pokale.
1 x 4	☐ Egal, ob jung, alt, groß, klein, hübsch oder hässlich - wir müssen uns um alle gleich gut kümmern.
1 x 5	☐ In anderen Ländern wird anders geritten - das sollten wir uns angucken um daraus zu lernen.
1 x 6	☐ Pferde spüren wie es uns geht. Sind wir ungeduldig oder unbeherrscht, werden sie es auch sein. Darum müssen wir lernen geduldig und freundlich mit ihnen umzugehen.
1 x 7	☐ Pferde sind sehr unterschiedlich. Was das eine Pferd kann, kann das andere nicht! Deshalb darf man sein Pferd nicht zwingen, etwas zu tun, was es gar nicht leisten kann.
1 x 8	☐ Als Reiter kann man immer noch etwas dazulernen. Als Pferd auch.
1 x 9	☐ Pferde werden nicht so alt wie Menschen. Ist unser Pferd unheilbar krank, müssen wir es erlösen. Der Tierarzt lässt unser Pferd dann einschlafen. Es kommt dann in den Pferdehimmel.

Quelle:
Reiterliche
Vereinigung

Kapitel 20: Was unser Pferd so frisst

Warum sollst Du das Pferd direkt nach dem Füttern nicht reiten?	☐ Pferde haben einen ganz kleinen Magen. Wenn Du reiten möchtest, musst Du eine bis zwei Stunden warten, damit Dein Pferd keine Bauchschmerzen bekommt. Das nennt man dann eine Kolik.
Wie oft wird ein Pferd gefüttert?	☐ Dein Pferd sollte mehrmals, aber mindestens dreimal täglich kleine Futterrationen bekommen.
Wann fütterst Du das Pferd?	☐ Morgens, mittags und abends, wobei Du abends die größte Portion fütterst, da das Pferd nun viel Zeit zum Verdauen hat. Du fütterst immer zur gleichen Zeit und sorgst für Ruhe beim Fressen.
Was für Futter gibt es?	☐ Kraftfutter, Saftfutter und Raufutter.
Was gehört alles zum **Kraftfutter**?	☐ Viele Getreidesorten und Müsli. Das Pferd wird durch das Kraftfutter ganz stark.
Was gehört alles zum **Saftfutter**?	☐ Gras, Äpfel, Möhren und Rüben. Unser Pferd braucht Saftfutter, weil es eine schöne Abwechslung im Futterplan ist.
Was ist **Raufutter** und warum ist es für die Pferde so wichtig?	☐ Raufutter sind Heu und Stroh. Unser Pferd braucht es um keine Bauchschmerzen zu bekommen. Außerdem frisst das Pferd ganz lange daran und so wird es im Stall nicht langweilig.
Wie oft muss das Pferd trinken?	☐ Mindestens dreimal täglich. Einfacher ist es, wenn man eine Selbsttränke für das Pferd hat.
Wie viel Wasser trinkt ein Pferd?	☐ Jeden Tag ungefähr drei bis fünf Eimer voll. Das sind ungefähr 30-50 Liter. Im Winter weniger, im Sommer, wenn es heiß ist, mehr.

Kapitel 21: Ganz wichtig! Die Lederpflege

Wie werden Sattel und Trense aufbewahrt?	☐ Immer in einer Sattelkammer, da das Leder durch den Stalldunst angegriffen wird. Die Pferde könnten auch am Leder knabbern, wenn es in Reichweite ist. Außerdem soll es nicht gestohlen werden.
Warum ist die Pflege so wichtig?	☐ Die Ausrüstung ist sehr teuer und muss gut gepflegt werden, damit sie nicht kaputt geht. Ungepflegtes Leder kann reißen, was sehr gefährlich werden kann!
Wie wird das Lederzeug gepflegt?	☐ Zuerst zerlegst Du das Lederzeug in alle Einzelteile. Alle Schnallen müssen geöffnet werden. Danach reinigst Du das Leder von beiden Seiten mit einem feuchten Schwamm und der Sattelseife. Anschließend wird das Leder mit Lederfett und einem Lappen von beiden Seiten nachgefettet. Die Sitzfläche darf nicht gefettet werden!
Wie werden die übrigen Einzelteile gepflegt?	☐ Die Satteldecke wird regelmäßig in der Waschmaschine gewaschen. Steigbügel und Sattelgurt werden mit Wasser und Bürste gereinigt.

Finde die Wörter!

A	H	U	F	S	C	H	L	A	G
M	E	S	C	H	L	U	M	P	R
D	U	E	D	E	E	F	I	F	A
A	L	O	N	U	D	E	H	E	S
T	R	E	N	S	E	K	Q	L	X
V	G	I	L	Y	R	A	P	P	E
S	C	H	O	P	F	P	A	K	U
B	R	A	U	N	E	R	W	I	S
E	O	U	I	S	T	R	A	B	P
M	D	S	A	T	T	E	L	W	Q

LEDERFETT
HUFSCHLAG
RAPPE
TRENSE
SATTEL
SCHOPF
GRAS
HEU
APFEL
HUFE
BRAUNER
TRAB

Kapitel 22: Meine erste Prüfung

Wann kannst Du Deine erste Prüfung reiten?	☐ Die Prüfung kannst Du ablegen, wenn Du alle praktischen Prüfungen in diesem Heft geschafft hast und Dir alles was darin steht gut eingeprägt hast.
Welche Ausrüstung brauchst Du für die Prüfung?	☐ Du benötigst einen guten passenden Helm, eine passende Reithose, Reitstiefel oder Stiefeletten mit Chaps und oben eine eng anliegende Jacke oder Pullover. Im Sommer kann es auch ein T-Shirt mit kleinem Ärmel sein. Gut ist auch eine Sicherheitsweste. Handschuhe sind Pflicht!
Wie läuft eine Prüfung ab?	☐ Deine Reitlehrerin wird Dir den Prüfungstermin nennen. Am Prüfungstag wirst Du zusammen mit den anderen Schülern geprüft, ob Du ein Pferd richtig putzen, satteln und trensen kannst. Danach reitest Du mit den anderen Schülern eine kleine Dressuraufgabe. Im Anschluss führst Du Dein Pferd durch einen kleinen Parcours. Am Ende wirst Du dann noch zu verschiedenen Themen aus dem Heft befragt.
Was musst Du beachten, damit Du die Prüfung sicher bestehst?	☐ Lese nochmals Dein Arbeitsheft durch. Übe vor der Prüfung nochmal das Satteln und Trensen des Pferdes. Versuche in der Dressuraufgabe alles bestmöglich zu zeigen, was Du gelernt hast.
Wie beginnt und endet eine Prüfung?	☐ Eine Prüfung beginnt und endet mit dem Grüßen der Richter. Dazu stehen die Pferde möglichst gerade auf der Mittellinie.
Wie grüßt man richtig?	☐ Mädchen und Jungs grüßen unterschiedlich. Die Mädchen grüßen, indem sie die Zügel in die linke Hand nehmen, die rechte zum Gruß nach unten führen und dabei kurz nicken. Jungs nehmen auch die Zügel in die linke Hand und führen die rechte Hand an den Schirm ihres Helmes.

Vorschlag einer Dressuraufgabe RA 10 (Abteilung)

C - A	Einreiten im Mittelschritt, ganze Bahn
A	Abwenden auf die Mittellinie
X	Halten und Grüßen
X - C	Anreiten im Mittelschritt, linke Hand
A	Abwenden auf die Mittellinie, Slalom um 4 Hütchen, dann rechte Hand
M	Durch die ganze Bahn wechseln
F - M / H - K	Die langen Seiten traben, Aussitzen
F	Durch die ganze Bahn wechseln
M - F / K - H	Die langen Seiten traben, Leichttraben
C, M, B, F	Ganze Parade an den einzelnen Punkten, danach Aufrücken
A	Anreiten Schritt, Zügel aus der Hand legen, Schwalbe*
H	Einsitzen, Zügel aufnehmen
A	Anfang rechts dreht ab, links marschiert auf
X	Halten und Grüßen

*Bei der Schwalbe stellt man sich in die Bügel, balanciert sich aus und streckt die Arme zu den Seiten.

Trage die Dressuraufgabe in das Dressurviereck ein!

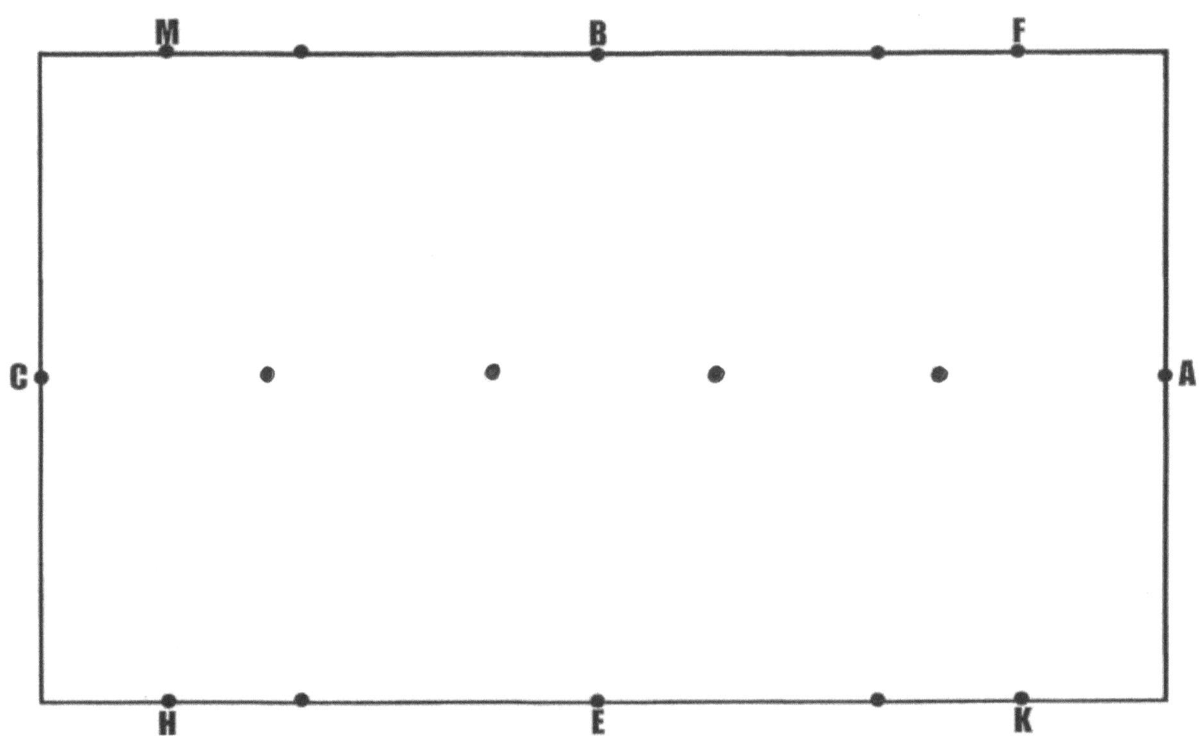

Vorschlag einer Führaufgabe RA 10

X	Aufstellung an der Mittellinie
X - C	Anführen im Schritt bis C, dann nach links abwenden
E	Ganze Parade
E - F	Führen im Schritt
F	Durch die ganze Bahn wechseln
H - B	Führen im Schritt
B	Ganze Parade
B - A	Führen im Schritt
A	Abwenden auf die Mittellinie
X	Ganze Parade

Trage die Führaufgabe in das Dressurviereck ein!

Praktische Prüfungen für das RA 10

für ______________________

Bodenarbeit: bestanden am:

Bodenarbeit	bestanden am
Ich weiß, wie ich mich dem Pferd nähern darf	
Ich kann das Pferd halftern	
Ich kann das Pferd aus der Box holen	
Ich kann mein Pferd führen und anhalten	
Jetzt kann ich mein Pferd anbinden	
Sicherheit in der Stallgasse ist wichtig, weil....	
Ich weiß, wie ich das Pferd wende	

Am Pferd: bestanden am:

Jetzt glänzt mein Pferd	
Jetzt glänzen Schweif und Mähne	
Jetzt glänzen die Hufe	
Ich kann Satteln	
Ich kann Trensen	
… und nach der Arbeit weiß ich Bescheid	

Praktisches Reiten: bestanden am:

Praktisches Reiten	bestanden am
Schritt an der Longe - kein Problem	
Trab an der Longe - kein Problem	
Abteilung Schritt reiten geht auch	
Abteilung Trab reiten ist schwer	
Abteilung Leichttraben ist noch schwerer	
Die Prüfung für das RA 10 reiten	

Theoretische Prüfungen für das RA 10

für ______________________

Thema	Seite	bestanden am:
Wie Du Unfälle vermeidest	4	
Wie Pferde mit Dir sprechen	5	
Wie Du Dein Pferd von der Weide holst	6	
Wie Du das Halfter anlegst	7	
Wie Du Dein Pferd führst und anhältst	8/9	
Jetzt binden wir das Pferd an	10/11	
So glänzt Dein Pferd	12/13	
Gepflegtes langes Langhaar	14	
Glänzende Hufe	15	
Der Sattel	16/17/18	
Das Reithalfter	19/20	
Das sind die Körperteile meines Pferdes	21	
Pferde sind bunt	22	
Regeln auf dem Reitplatz	23	
So sitze ich richtig auf dem Pferd	24	
So sag ich`s meinem Pferd	25	
Tolle Figuren	26	
...und nach der Arbeit	27	
1 x 9 der Pferdefreunde	28	
Was unser Pferd so frisst	29	
Ganz wichtig! Die Lederpflege	30	
Meine erste Prüfung	31	

Impressum

Kontakt:
E-Mail: ute@tschmidt.de

Verlag:
BoD · Books on Demand GmbH, In de Tarpen 42,
22848 Norderstedt, bod@bod.de
Druck:
Libri Plureos GmbH, Friedensallee 273, 22763 Hamburg
ISBN-Nummer 978-3-7347-6110-2

MIX
Papier aus verantwortungsvollen Quellen
Paper from responsible sources
FSC® C105338
FSC
www.fsc.org